BEI GRIN MACHT SICH IHR WISSEN BEZAHLT

AF145104

- Wir veröffentlichen Ihre Hausarbeit,
  Bachelor- und Masterarbeit

- Ihr eigenes eBook und Buch -
  weltweit in allen wichtigen Shops

- Verdienen Sie an jedem Verkauf

Jetzt bei www.GRIN.com hochladen und kostenlos publizieren

Jacqueline Brosch

Die Diakonie als eine Institution der Nächstenliebe

GRIN Verlag

Bibliografische Information der Deutschen Nationalbibliothek:

Die Deutsche Bibliothek verzeichnet diese Publikation in der Deutschen National-
bibliografie; detaillierte bibliografische Daten sind im Internet über http://dnb.d-
nb.de/ abrufbar.

Impressum:

Copyright © 2013 GRIN Verlag GmbH
Druck und Bindung: Books on Demand GmbH, Norderstedt Germany
ISBN: 978-3-656-59176-4

Dieses Buch bei GRIN:

http://www.grin.com/de/e-book/268167/die-diakonie-als-eine-institution-der-
naechstenliebe

GRIN - Your knowledge has value

Der GRIN Verlag publiziert seit 1998 wissenschaftliche Arbeiten von Studenten, Hochschullehrern und anderen Akademikern als eBook und gedrucktes Buch. Die Verlagswebsite www.grin.com ist die ideale Plattform zur Veröffentlichung von Hausarbeiten, Abschlussarbeiten, wissenschaftlichen Aufsätzen, Dissertationen und Fachbüchern.

Besuchen Sie uns im Internet:

http://www.grin.com/

http://www.facebook.com/grincom

http://www.twitter.com/grin_com

Ist die Diakonie noch eine Institution der Nächstenliebe?

Gliederung

Begründung für die Wahl des Themas

Ich wählte dieses Thema, da ich schon sehr früh Interesse an biblischen Geschichten und kirchlichen Einrichtungen hatte. Ich habe früher bei der Tafel und auch anderen sozialengagierten Einrichtungen mitgeholfen. Dieses Thema finde ich sehr interessant, da sich die Diakonie im Vergleich zu damals sehr verändert hat. Sie ist nicht mehr nur noch eine kirchliche Einrichtung, denn mit den relativ geringen Spenden könnten sie sich nicht über Wasser halten.

Wie also hat es eine solche Einrichtung es geschafft über so einen langen Zeitraum beständig zu bleiben?

Woher bekommt sie ihr Geld, wenn nicht durch Spenden?

Wie werden die vielen Angestellten bezahlt?

Ist die Diakonie noch eine Institution der Nächstenliebe?

Dies sind Fragen, die mir mit der Zeit in den Sinn gekommen sind und welche ich zu gern beantwortet haben wollte. Das ist der Grund, weshalb ich mich entschieden habe meine Abschlusspräsentation über dieses Thema zu halten.

Selbstverständnis

I. Zahlen und Fakten

Mehr als eine Millionen Menschen helfen bei der Diakonie, bzw. in diakonischen Einrichtungen mit. Es arbeiten dort 449.104 hauptamtlich Beschäftigte und circa 700.000 ehrenamtliche Mitarbeiter. Allein in dem Bereich der Jugendhilfe gibt es über 11.000 Jobangebote und über 545.000 Arbeitsplätze. Damit ist die Diakonie einer der größten Arbeitgeber und circa 10 Millionen Menschen nehmen die Hilfe der Diakonie an. Die Diakonie hat rund 1 Millionen Betreuungsplatze und Betten. Es gibt 28.132 diakonische Einrichtungen und Dienste und ungefähr 3400 Selbsthilfegruppen. Oft nehmen Abhängigkeitserkrankte, Ausländer, Arbeitslose, Schuldner, Flüchtlinge oder Migranten die Hilfe der Diakonie in Anspruch. Mitgetragen werden die diakonischen Arbeiten von rund 18.000

Gemeinden der Landeskirchen und auch Freikirchen sind beteiligt. Denn es gibt 9 in diakonischen Arbeitsgemeinschaften zusammengeschlossene Freikirchen.

II. Leitbild

Im Jahre 1997 arbeitete die Diakonie einen acht Thesen umfassenden Leitbildtext aus. Dieser Text soll „Orientierung geben, Profil zeigen, Wege in die Zukunft weisen" . Es wurde ein solcher Text ausgearbeitet, da es einen starken Anstieg an ehrenamtlichen Helfern und die Anzahl der Diakonissen und Diakonen stark zurück gegangen ist. Bis in die 60er Jahre waren die Diakonissen und Diakonen das lebendige Leitbild. Im Leitbild der Diakonie sind folgende Punkte zu finden:

• Identitätsbezug
• Zweckbezug
• Traditionsbezug
• Zukunftsbezug

Die bisher aufgezählten Punkte werden auch in Leitbildern andere Unternehmen zu finden sein. Doch im Gegensatz zu anderen Unternehmen wurden auch folgende Punkte berücksichtigt:

• Biblischer Hintergrund
• Theologischer Hintergrund
• Anthropologischer Hintergrund
• Sozialer Hintergrund
• Organisatorischer Hintergrund
• Internationaler Hintergrund

Die Diakonie steht für ihre acht Thesen ein:

„ 1. Wir orientieren unser Handeln an der Bibel.
2. Wir achten die Würde jedes Menschen.
3. Wir leisten Hilfe und schaffen Gehör.
4. Wir sind aus einer Tradition innovativ.
5. Wir sind eine Dienstgemeinschaft aus Männern und Frauen im Haupt- und Ehrenamt.
6. Wir sind dort, wo uns Menschen brauchen.
7. Wir sind Kirche.
8. Wir setzen uns ein für das Leben in der Einen Welt."

III. Finanzierung

Die Tätigkeiten der Diakonie werden nur zu 2% von Kirchengeldern finanziert. Die Diakonie bekommt eine Pauschalzuweisung, welche die Verwaltung und die primären Aufgaben finanziert. Primäre Aufgaben sind in erster Linie Sozialarbeiten, wie Schwangerschaftsberatung. Alles andere wird durch beantragte Zuschüsse finanziert, sogenannte Projektzuschüsse. Aber nur selten werden dann die Kosten vollständig übernommen. Nur wenige diakonische Angebote könnten ohne Spenden und Kirchensteuern auskommen. Sobald es aber um Krankenhäuser geht, dann wird ein Großteil von den Krankenversicherungen finanziert. Das bedeutet, wenn niemand in solche Krankenhäuser gehen würde, dann müssten diese bald geschlossen werden oder sie würden eventuell in die Zuständigkeit des Staates fallen. Ende der 1980er Jahre wurden 31% der Kosten durch Sozialleistungsträger, 41% durch öffentliche Hilfen und Zuschüsse und 28% aus eigenen Geldern gezahlt. Die

Diakonie liegt zwischen dem erwerbs- und staatswirtschaftlichem Bereich, weshalb man auch sagt, dass sie sich im 3. Sektor befindet. Dadurch, dass sie Gesellschaft. Und sozialpolitisch privilegiert ist, kann die Diakonie an ihren alten Idealen festhalten, eine äußerst professionelle Struktur vorweisen und ihre Mitarbeiter, welche nicht ehrenamtlich tätig sind, nach dem Bundestarifvertag bezahlt.

Geschichte der Diakonie

I. Biblischer Hintergrund

Zum Thema der Diakonie hat die Bibel viele verschiedene Zeugnisse. Der barmherzige und gerechte Gott ist das Vorbild und die Motivation für die Diakonie. (Beispiele: Mo 3,7 f.; Ps25,10; Mt 25,34 ff.; Lk 10,25 ff.) Gott will genauso wie die Diakonie, dass die Menschen in Würde leben, unabhängig von allem anderen, wie Farbe, Rasse oder Religion. (1. Mo 1,26 f.; Ps 8,6-7) Die Diakonie will sich der kaputten Beziehung der Menschen zu Gott und unseren Mitmenschen annehmen. Aber sie hat auf keinen Fall im Sinn, die ohnehin schon kaputte Welt in ein Paradies verwandeln zu wollen. Gemeinde Jesu hält daran fest, dass der Glaube durch die Liebe tätig ist. „Diakoneo" wurde im Neuen Testament als die christliche Ideologie bezeichnet, welche sich am Verhalten Jesu orientiert. Jesus selbst identifizierte sich eher mit den Hilfsbedürftigen, als mit den Helfern.

II. 19. Und 20. Jahrhundert

Im 19. Jahrhundert fanden viele umfangreiche gesellschaftliche Veränderungen statt. Es gab damals kaum allgemein staatlichen oder gesellschaftlichen Strukturen bzw. konnten die vorhandenen Strukturen nur eingeschränkt auf die neuen Probleme und Nöte eingehen. In dieser Zeit wurde die soziale Arbeit von Diakonissen und Diakonen verrichtet, aber die Anzahl an Diakonissen überwog die der Diakonen um Längen. In der Zeit des Ersten Weltkrieges kamen zu den normalen Bedürftigen noch Kriegsgeschädigte, Kriegswitwen und –waisen und Überlebende. Die Unterstützung dieser Leute wurde als Nationale Aufgabe angesehen. Die nächste Herausforderung war die Zeit der Sterilisierungspolitik. Wegen des Gesetzes zur Verhütung erbkranken Nachwuchses (1934) wurden in vielen diakonischen Einrichtungen Sterilisationen durchgeführt, aber denn noch wurden bei den Krankenmorden auch viele geistig behinderte und psychisch Kranke aus diakonischen Einrichtungen umgebracht. „Der Hunger klopft an die Türen. Durch die Häuser und die Städte, von Jammern verfolgt, schreitet das Unglück. Obdachlose, verlassene, verzweifelt Menschen rufen um Hilfe. […] Ohne Dach und ohne Brot, sich betten auf einen Stein, bei Winterskälte im dünnen Kleid, die bloßen Füße im Schnee – dies darf und darf nicht das Los von Millionen unserer Brüder und Schwestern werden."

Durch das Engagement in der Diakonie das Gebot der Nächstenliebe umsetzen

Es gibt viele Arbeitsfelder und Aufgaben und für jeden wäre eine Aufgabe da. Die am weitesten verbreitete Arbeit ist die Jugendhilfe. Aber nur noch wenige denken darüber nach Diakonisse oder Diakon zu werden.

Als Diakonisse lebt man in einem Mutterhaus, dass als zuhause und auch der Sitz und die Verwaltung der Schwesternschaft. Man muss ehelos und keusch leben, damit man offen für Gott und andere Menschen bleibt. Dazu trägt man eine Tracht, die aber eher als Erkennungszeichen und Gesprächsthema dient. Wenn man sich als Diakonisse bewerben will, dann muss man eine schriftliche Bewerbung inklusive Lebenslauf. Aber man sollte schon über ausreichend geistliche Motivation und Zukunftsperspektive verfügen. Als Bewerberin sollte man allerdings nicht unter 18 und nicht über 30 Jahre alt sein. Nach einer erfolgreichen Bewerbung findet die Kennenlernphase statt, in der die Bewerberin und auch die Schwesternschaft prüft ob man zusammen einen Lebensweg gehen kann. Bei der darauffolgenden Vorprobe bekommt die junge Dame dann eine einjährige diakonische Grundausbildung und die Chance sich in der Gemeinschaft der Schwesterschaft einzuleben. Dana findet eine weitere Probezeit statt, in der die Jungdiakonisse spezifisch auf ihre Fähigkeiten ausgebildet wird, dazu erhält sie eine theologische Weiterbildung. Erst nach der abgeschlossenen Ausbildung darf man sich als Diakonisse bezeichnen und muss mit Jesus Christus leben und ihm dienen.

Fazit

Nach allem was ich erfahren habe, komme ich zu dem Entschluss, dass die Diakonie sowohl als wirtschaftliches auch als kirchliches Unternehmen handelt. Das wurde auch durch ein Interview mit einem hohen Mitarbeiter der Diakonie bestätigt. Aber jeder wird es anhand der Tatsachen anders sehen. Denn auf der einen Seite ist die Diakonie durch die soziale Arbeit auf jeden Fall noch an der umsetzung der Nächstenliebe interessiert, aber auf der anderen Seite werden auch viele Anzeichen auf ein wirtschaftliches Unternehmen aufgezeigt. Wie ich auch von anderen Mitarbeitern der Diakonie erfahren habe gibt es auch viele die der Meinung sind, dass die Diakonie nur als Institution der Nächstenliebe angesehen werden sollte, und dass sie nicht verstünden, wie man auf die Idee käme die Diakonie mit einem wirtschaftlichem Unternehmen zu vergleichen. Also man wird immer Leute finden die andere Meinung sein werden, egal ob man nun die Meinung der sehr christlich Gläubigen vertritt oder die der Atheisten oder gar seine eigene Meinung.

Quellenangabe:

http://www.diakonie.de/index.html
http://www.diakonie.de/media/AVR_Aktuelle_Fassung.pdf
http://de.wikipedia.org/wiki/Diakonie
http://www.mennlex.de/doku.php?id=top:diakonie
http://brightsblog.wordpress.com/2013/01/24/nachstenliebe-und-gerechtigkeit-ohne-caritas-und-diakonie/
http://www.focus.de/finanzen/karriere/arbeitsrecht/tid-16756/arbeitgeber-kirche-von-naechstenliebe-keine-spur_aid_468469.html
http://www.zeit.de/2011/41/Konzern-Kirche/seite-3
http://www.die-bibel.de/online-bibeln/luther-bibel-1984/bibeltext/bibel/text/lesen/stelle/56/120028/120028/ch/61fb3ca0129990ee35897239ba2009c8/
http://www.ekmd.de/lebenglauben/bibelaz/6197.html
http://www.bibleserver.com/text/EU/Psalm82